Karniol, Isac Germano.
   Como enfrentar a insônia / Isac Germano Karniol.
— São Paulo : Ícone : Campinas : Unicamp, 1986.
   p. : il. — (Coleção: Como enfrentar...).

ISBN 85-274-0016-2

1. Insônia. I. Título. II. Série.

CDU 159.963.2

COMO ENFRENTAR
A INSÔNIA

Ícone Editora Ltda.
Rua Anhanguera, 66
Fones: (011) 826-8849/826-7074
01135 — S. Paulo

EDITORA DA UNIVERSIDADE ESTADUAL DE CAMPINAS
(UNICAMP)
Reitor: Paulo Renato Costa Souza
Coordenador Geral da Universidade: Carlos Vogt

CONSELHO EDITORIAL:
Alfredo Miguel Ozório de Almeida, Attílio José Giarola, Aryon Dall'Igna Rodrigues (Presidente), Eduardo Roberto Junqueira Guimarães, Fernando Galembeck, Humberto de Araújo Rangel, Jayme Antunes Maciel Junior, Michael MacDonald Hall, Ubiratan D'Ambrósio.

Diretor Executivo: Eduardo Roberto Junqueira Guimarães

Rua Cecílio Feltrin, 253
Cidade Universitária — Barão Geraldo
Fone: (0192) 39.1301 (ramal 2585)
13.083 — Campinas — SP

Isac Germano Karniol

COMO ENFRENTAR A INSÔNIA

Copyright © Isac Germano Karniol
1.ª edição: 1987

Coleção: Como enfrentar

Capa: J. L. Paula Jr.

Revisão: Niuza Maria Gonçalves
Rosa Maria Cury Cardoso
Candida Maria Vieira Pereira

Todos os direitos reservados
Proibida a reprodução total ou parcial
ICONE EDITORA LTDA.
São Paulo

"A qualidade do sono, ou a sua falta, talvez sejam a melhor maneira de exprimir a sensibilidade humana, os afetos."

QUEM É ISAC GERMANO KARNIOL

    Pai de Vanessa, Carolina e Maira, companheiro da Jô, alguns diplomas (médico, doutor, livre-docente), Isac passou alguns anos em outros países para aperfeiçoar conhecimentos. Fez muitas viagens, palestras pelo Brasil, tem muitos trabalhos publicados, alguns em outras línguas. Especialmente em drogas psicotrópicas, procura compreender aqueles que eventualmente as usam e principalmente, afirma ele, a si próprio. É Professor Adjunto do Departamento de Psicologia Médica e Psiquiatria da Faculdade de Ciências Médicas da Universidade Estadual de Campinas (UNICAMP), e trabalha também em Consultório e Hospital particular. É membro titular do Conselho Federal de Entorpecentes (CONFEN) onde representa a Associação Médica Brasileira.

SUMÁRIO

1. OS MITOS..................................13
   Insônia e Medicina
   Sono e insônia
2. O QUE É O SONO.....................27
   Ritmos biológicos; ciclo vigília-sono
   Tempo de sono
   Respostas a estímulos, afetos
   Sono, sonho e atividade elétrica cerebral
   Funções do sono e dos sonhos
3. O QUE É A INSÔNIA.................43
   Insônias primárias
   Insônias secundárias
4. ALTERAÇÕES DURANTE O SONO............49
   Dissonias
5. O QUE FAZER PARA DORMIR BEM...........55
6. PALAVRAS FINAIS......................61
   A princesa e o grão de ervilha
7. TIRE SUAS DÚVIDAS...................67

1. OS MITOS

Entre os vários aspectos que compõem a vida do homem, o sono, os sonhos e suas alterações têm sido alvos constantes de interesse através dos tempos.

Aristóteles, como exemplo, na sua obra *Parva naturalia* dedica um dos capítulos ao estudo do sono, e dois outros, aos sonhos e em particular à possibilidade de utilizá-los para prever o futuro. Como ocorre até hoje, já havia a preocupação a respeito de se o sono seria um atributo do corpo, ou da alma, ou de ambos, se os animais também sonhariam ou, ainda, se os homens sonham sempre e, em sendo este o caso, por que só às vezes ou só alguns se recordam dos seus sonhos? A abordagem da influência dos fatos e afetos da vida cotidiana na qualidade, duração e características do sono e sonhos foi ali abordado de um modo aprofundado. Aristóteles também se interessou pelos devaneios e eventuais semelhanças entre estados produzidos por drogas como o álcool e os sonhos ou estados de sonolência.

Sobre o relacionamento entre o dia-a-dia e a qualidade e afetos que acompanham alguns sonhos já dizia Aristóteles no seu *Sobre os sonhos*:

> Nós podemos ter uma visão mais científica sobre a natureza dos sonhos e como eles se originam, considerando as circunstâncias na qual ocorre o sono. Os afetos que acompanham o senso percepção podem persistir mesmo depois que os estímulos tenham desaparecido.
> O que ocorre nestes casos é semelhante ao que acontece com projéteis se movimentando no espaço. O movimento pode estar ocorrendo mesmo depois que o mecanismo que o desencadeou não esteja funcionando.

Ou seja, para Aristóteles, que viveu entre os anos 322 e 384 a.C. já era claro que perturbações do sono, com alterações de sua qualidade e presença de pesadelos, poderiam ocorrer dependendo das características de vida de um indivíduo. A ciência moderna, com uma tecnologia e linguagem diferentes, veio comprovar estes fatos, como veremos adiante.

A possibilidade de uso de um dos componentes do sono, os sonhos, para uma compreensão melhor da realidade, de si próprio ou, então, como um meio pelo qual divindades se comunicariam com o homem aparece em diversos momentos de sua história. Muitas vezes, os sonhos são até confundidos com a realidade. O filósofo Bertrand Russel já dizia: "é possível que aquilo que chamamos de vigília seja apenas um pesadelo persistente e não comum". Entre os esquimós, há o conceito que, durante o sono, a alma se desprende do corpo, daí ser muito perigoso despertar uma pessoa precocemente, pois a alma poderia não ter retornado ao corpo.

A idéia de sonhos como predição do futuro e meio pelo qual Deus se comunica com os homens pode ser encontrada em diversas passagens bíblicas.

Assim, em Gêneses, capítulo 41, versículos 14 a 35, encontramos:

> Logo por ordem do rei, foi Jósé tirado do cárcere: tosquiaram-no, fizeram-no mudar de vestes, e apresentaram-no diante deste príncipe. Então disse o Faraó para ele: Eu tive uns sonhos; e não se acha ninguém que os decifre. Mas a mim disseram-me que tu tinhas grandes luzes para os interpretar. José respondeu: Deus, e não eu, será o que dê ao rei uma resposta bem favorável. Recontou-lhe, pois, o Faraó o que tinha visto. Parecia-me que estava à ribanceira do rio, e que do rio saíam sete vacas formosas, e duma extremada gordura, que pastavam erva num paiol: e que depois saíam outras sete tão desfiguradas, e duma tão prodigiosa magreza, quais eu não vira no Egito. Estas últimas devoraram e consumiram as primeiras sem que por isto mostrassem dalguma sorte que tinham ficado fartas: mas ficando tão magras e tão gafentas, como dantes estavam. Tendo eu acordado, tornei a adormecer outra vez, e tive segundo sonho. Eram sete espigas muito grandes e muito formosas, que saíam duma mesma cana. Apareciam também ou-

tras sete muito chupadas, por causa dum vento abrasador que as batera: e estas últimas devoraram as primeiras, que eram tão formosas. Eu contei os meus sonhos, a todos os adivinhos e não se acha ninguém que os explique.

Respondeu José: Os dois sonhos de vossa majestade significam ambos a mesma coisa. Deus mostrou ao Faraó, o que há de fazer para o futuro. As sete vacas tão formosas, e as sete espigas tão cheias de grão, que vossa majestade viu em sonhos, denotam uma mesma coisa, e significam sete anos de fertilidade. As sete vacas magras, e desfeitas, que saíram do rio depois daquelas primeiras; e as sete espigas chupadas e arejadas, dum vento abrasador, denotam outros sete anos de fome, que estão por vir. E isto se cumprir-se-á desta maneira: Virão primeiramente sete anos duma fertilidade extraordinária em todo o Egito, aos quais seguir-se-ão outros sete duma tão grande esterilidade, que ele fará esquecer toda a abundância passada. A fome consumirá toda a terra e aquela fertilidade tão extraordinária virá a ser absorvida por esta extrema indigência. Quanto ao segundo sonho, que vossa majestade teve, e que significa a mesma coisa, este é um sinal de que esta palavra de Deus será firme, e que ela se cumprirá infalivelmente e bem cedo. Da prudência logo de vossa majestade é escolher algum homem sábio e industrioso, a quem vossa majestade dê o comando sobre o Egito, para que ele estabeleça oficiais em todas as províncias, os quais enquanto durarem os sete anos de fertilidade que estão para vir, ajuntem nos celeiros públicos a quinta parte dos frutos da terra. Todo o trigo assim guardado esteja debaixo do poder de vossa majestade, e se conserve nas cidades a fim de que ele se ache pronto para os anos de fome, que há de oprimir o Egito, e não seja esta terra consumida pela fome.

Nesta mesma passagem há indicações de que o Faraó, antes das interpretações de José, teria ficado muito perturbado e insone.

O efeito curativo do sono e dos sonhos foi ressaltado em diversas épocas. Na Grécia antiga, o dormir e, portanto, o sonhar junto a oráculos em templos era recomendado para cura ou alívio de sofrimentos. Há não muito tempo, indivíduos com problemas mentais eram submetidos à chamada sonoterapia. Essa terapia que se utiliza de drogas como barbitúricos ou anti-istamínicos, produz um dormir prolongado, por dias ou semanas, do qual o indivíduo acorda revigorado e aliviado do seu nervosismo. O indivíduo submetido à sonoterapia é nesse período acordado apenas para se alimentar e fazer suas necessidades fisiológicas. Por outro lado, ainda muito recentemente e baseado em dados científicos modernos, utiliza-se a privação total do sono, ou então do chamado sono paradoxal, a fase dos sonhos (ver adiante), para tratamento de alguns tipos de depressão.

Insônia e Medicina

A farmacologia, ciência que estuda as drogas e seus efeitos, e a Medicina, a ciência e a arte que se interessam pelas doenças, pelo doente, pelo sofrimento, talvez tenham tido seu início na tentativa de aliviar o sofrimento e o desespero, causados pela dor, pela insônia. Podemos imaginar, em relação à insônia, a forma como este alívio vem sendo tentado através dos tempos. Atualmente, em nosso meio, podemos imaginar um atendente de farmácia, imbuído de "poderes" para os quais não está preparado, fornecendo ao insone uma pílula, um calmante, um benzodiazepínico, um antidistônico; ou, então, um médico todo de branco, tendo numa das mãos um diploma de competência e na outra um vidro de calmantes. No passado, havia o feiticeiro com uma poção liberando vapores, ou, então, o semideus com um elixir; ou ainda, de uma forma extrema, o deus ou anjo muito poderoso que, diante da intensidade do sofrimento, trazia o alívio final, o sono eterno.

A necessidade de um sono reparador foi sempre considerada importante. Dependendo do período histórico, o sono foi encarado religiosamente como algo sagrado. Um dos deuses mais pranteados dentro do Panteon grego era Hypnos, o deus do sono. Ele era representado geralmente como uma figura alada portando a papoula do Oriente num dos braços, e no outro um chifre de boi, com o qual distribuía o sono para quem fosse visitando (*figura 1*).

Da papoula é retirado o ópio e uma série de seus derivados, como a morfina, os quais sabidamente causam sono. Para tanto, essas preparações já eram usadas em tempos imemoriais.

Fig. 1

Do ópio, Seturner, no século XIX, sintetizou uma substância ativa que causa sono, a morfina. Este nome vem do deus romano do sono e dos sonhos, Morfeu. Morfeu seria a contrapartida romana para o deus grego Hypnos.

Várias preparações de plantas foram usadas através dos séculos para produzir sono. Algumas, com os conhecimentos científicos atuais, seriam consideradas venenos. A mandrágora, a hioscina ou o leite de alface eram freqüentemente prescritos por médicos gregos e romanos.

Certas preparações da Idade Média, que também continham álcool, ficaram famosas. Como exemplo, temos a *Spongia somnifera*, que era uma esponja embebida em vinho, contendo também outros ingredientes como ópio, alface, hioscina e mandrágora. Essa preparação era usada para induzir ao sono, e, em doses maiores , para produzir anestesia. Em doses muito elevadas, à semelhança do que ocorre com os sedantes modernos, essa mistura pode logicamente levar à morte.

A ciência moderna conseguiu isolar de algumas dessas plantas substâncias químicas, alcalóides, que produzem sono. Assim, como referido, do ópio contido na papoula, foi isolada a morfina, como também a codeína. Da mandrágora e de outras plantas, substâncias como a hioscina, atropina e escopolamina.

No último século, passou a predominar a utilização de substâncias sintéticas para produzir o sono. Temos, assim e sucessivamente, os barbitúricos, o hidrato de cloral e, finalmente, os modernos benzodiazepínicos, como o diazepam e clordiazepóxido. Estes últimos, em doses menores, têm efeito calmante, ansiolítico. Em doses maiores, provocam o sono. Essas últimas substâncias, apesar de muito mais seguras que as anteriores, não deixam de provocar problemas como sonolência no dia seguinte ao da utilização, efeitos deletérios de não mais beneficiar o sono após uso prolongado e inclusive dependência física. Uma grande variabilidade e susceptibilidade maior ou menor em relação a esses efeitos colaterais deve ser acentuada. Além disso, apesar de relativamente seguras, quando usadas isoladamente, as benzodiazepinas, quando misturadas a outros sedantes como o álcool, podem provocar efeitos tóxicos severos, inclusive a morte.

No Brasil, em algumas regiões, chás ou outros preparados de plantas têm sido utilizados com finalidade calmante e como hipnótico. Dentre estes, destacamos a erva cidreira e o maracujá.

Sono e insônia
João-adormecer-sono

O que ocorre quando João adormece? As pálpebras se cerram e as pupilas ficam diminutas. A secreção de saliva, de sucos digestivos e urina cai dramaticamente. A quantidade total de ar respirado diminui. O coração tem seu ritmo de batidas desacelerado. As ondas elétricas cerebrais registradas em aparelhos do tipo eletroencefalógrafo têm suas características alteradas. Isso reflete uma deterioração da eficiência com que o cérebro pode lidar com o mundo circundante. A consciência aparentemente desaparece, mas é um desaparecimento temporário. Ao contrário daquele efeito produzido pela anestesia com drogas, ou por um severo trauma craniano, um estímulo novo suficientemente intenso (por exemplo a campainha de um despertador ou um beliscão bem dado) é capaz de interrompê-lo, fazendo retornar a vigília

Como veremos adiante, essas características não permanecem constantes durante todas as fases do sono.

João-insônia

Não consigo dormir! É um inferno! Os pensamentos como cenas de um filme se sucedem, repetem-se. As conclusões não existem ou são parciais; não há um final. Viro-me reviro-me na cama. Numa hora sinto frio; noutra, calor. Por vezes, o coração dispara. O gotejar da torneira mal-fechada torna-se um barulho ensurdecedor. O tempo passa lento. O despertador não toca, a manhã não chega. Se tivesse com quem conversar não o faria. Não teria paciência. Sei que preciso dormir. Amanhã devo estar descansado e me concentrar no trabalho (no estudo, no...). O patrão (o professor, o ...) já notou que ando cansado, distraído, com menor eficiência que antes. O que será que está acontecendo comigo?

Insônia é segundo o Aurélio: privação do sono, dificuldade grande para dormir.

João pode ter dificuldade de pegar no sono — insônia inicial —, de mantê-lo ou, então, acorda muito mais cedo que o habitual — insônia terminal. O pouco sono que tem pode ser povoado de pesadelos. De qualquer forma, levanta-se da cama na manhã seguinte cansado, tenso, não repousado, sonolento, indisposto para começar o dia. Isso ocorre, às vezes, até após um número de horas usual de sono.

A insônia pode ocorrer em um ou durante alguns poucos dias ou prolongar-se. A tendência atual é considerar apenas as insônias persistentes como patológicas para as quais uma intervenção corretiva torna-se necessária.

Algumas possíveis causas para a insônia de João.

1. Alterações de sua rotina, acompanhadas de forte colorido afetivo, ou seja, mudanças que causam ansiedade, tristeza, depressão. Ou, ainda, excitação, exaltação. Assim, perda do emprego, mudança funcional no trabalho para melhor ou pior, presenciar ou vivenciar experiências traumáticas, separações ou brigas com o ente amado, mudanças de cidade, ou de casa, ou mesmo de quarto, de cama ou de travesseiro podem levar a uma ou várias noites de insônia.

Logicamente existe aqui uma grande influência e variabilidade individual. O simples mudar de quarto ou de cama, que para muitos não teria a menor importância, para outros pode ser elemento causador ou facilitador da insônia. Aspectos simbólicos podem também ser importantes, e por vezes são de difícil identificação.

O limiar — intensidade de mudança — necessário para causar insônia pode ser muito diferente de um para outro indivíduo ou mesmo para um mesmo indivíduo em diferentes ocasiões, em diversas fases de vida etc.

2. Dores e alergias mesmo discretas ou doen-

ças clínicas e/ou neurológicas, como hipertireoidismo, epilepsia, insuficiência renal.

3. Doenças psiquiátricas como depressão, esquizofrenia, neuroses em fase de agudização etc.

4. Abuso de álcool, uso de inibidores do apetite como as anfetaminas, de outros estimulantes como a cocaína etc.

2. O QUE É O SONO

Para melhor entendermos as insônias e como lidar com elas, é necessário conhecermos as principais características do sono normal.

Podemos descrever o sono, os seus componentes; perguntar sobre suas funções, sobre o que ocorre quando está diminuindo ou ausente. Talvez até entendê-lo em um dos seus principais componentes, os sonhos, e que significado tem para o nosso comportamento, para a nossa individualidade.

Será que dormimos para conseguir depois ficar despertos, ou ficamos despertos para depois podermos dormir? Qual é o número de horas de sono normal ou necessário por dia? O que altera esse padrão? E, principalmente, o que fazer com a insônia?

Na tentativa senão de responder pelo menos de comentar essas e algumas questões é que escrevemos este pequeno livro.

Ritmos biológicos; ciclo vigília-sono

Muitos fenômenos naturais parecem obedecer a um ritmo temporal, ou seja, levam um tempo constante para se completar. Como exemplo, temos as fases da lua, as marés, o tempo de revolução da Terra ao redor do Sol e fenômenos biológicos, como a temperatura corporal que é menor durante o sono, e o próprio ciclo vigília-sono. Este último ciclo é considerado circadiano, ou seja, tem duração aproximada (circa) de 1 dia, 24 horas (diano) um adulto jovem tem, dessas 24 horas, aproximadamente 8 horas de sono e 12 horas de vigília.

É importante ressaltar que esse ciclo dura aproximadamente e não exatamente 24 horas, havendo aqui uma certa variação individual. Indicadores externos como presença alternada do escuro-claro e sua duração, hora das refeições, despertadores etc também podem influenciar. Daí não ser surpreendente o fato de alguns indivíduos terem problemas de sono com a chamada "hora de verão"; ou após viagens longas, quando entre os locais existem defasagem de tempo; ou, então, após trocar o trabalho diurno pelo noturno. A maior parte dos indivíduos consegue, após a passagem de alguns dias, adaptar-se à nova situação. No caso de mudança do turno de trabalho, isso pode demorar de uma até várias semanas.

Tempo de sono

O homem passa dormindo cerca de metade de sua vida, senão mais. No recém-nascido, o dormir constante é interrompido para alimentação ou por um incômodo maior. Para ele, são necessárias 16 horas de sono, ou 17 horas de estar na cama, por dia. Esse tempo é reduzido para 8 horas numa criança de 12 anos (8 horas e meia na cama), 7 horas entre as idades de 25 a 47 (7 horas e meia na cama), diminuindo a partir de então gradativamente. No idoso, aproximadamente 6 horas de sono já são suficientes. Nessa fase da vida, o indivíduo costuma permanecer um tempo mais prolongado na cama (cerca de 9 horas ao dia, após os 60-70 anos).

Freqüentes períodos de cochilo durante o dia podem diminuir ainda mais a duração do sono noturno, tornando-o insatisfatório. A tentativa de evitá-los durante o dia com uma atividade maior e estimulação do idoso nesse período, por vezes, torna-se bastante útil no alívio do problema. De fato, com isso, o número de horas de sono noturno tende a normalizar, e o sono retorna à sua função restauradora.

Essa variação no número de horas de sono com a idade ocorre gradativamente, de uma forma quase imperceptível.

Na verdade, o número de horas de sono não deve ser considerado normal ou anormal por comparação apenas com padrões. Aqui, também, existe uma forte influência ou característica individual. Como referido, o importante é que o indivíduo acorde descansado, que o sono tenha características reparadoras, deixando-o preparado para as atividades do dia seguinte.

Resposta a estímulos, afetos

Com o adormecer, diminuem as respostas do indivíduo ao meio ambiente. Estímulos conhecidos, monótonos, repetitivos, não-intensos, que inspiram tranqüilidade e segurança, parecem facilitar a instalação e manutenção do sono. Cantigas de ninar para crianças parecem ter essa característica. Outros estímulos, mais intensos e variados, sonoros ou luminosos, ambiente novo que inspire preocupações ou cuidados, parecem ter o efeito oposto.

É importante assinalar que pode haver uma certa adaptação para esse excesso de estimulação. Explica-se assim o fato de pessoas dormirem bem, ou aparentemente bem, nas imediações de aeroportos, fábricas ou ruas movimentadas. Muitas vezes, essa adaptação só ocorre em relação ao número de horas de sono e não quanto à qualidade.

As mesmas considerações feitas em relação a estímulos externos podem ser feitas em relação aos internos, subjetivos, como ansiedades, preocupações etc.

Sono, sonho e atividade elétrica cerebral

Os principais elementos constituintes do sistema nervoso central são células chamadas de neurônios. A comunicação entre eles é feita por meio de uma substância chamada neurotransmissor, liberada de uma primeira célula, indo ocupar um local específico chamado receptor, localizado em uma segunda célula (*figura 2*). Dentre as dezenas de neurotransmissores já identificados, teriam papel importante nos mecanismos de sono a serotonina, o ácido gamaaminobutírico (GABA), a noradrenalina e dopamina.

Precursores da seretonina, que entram em sua constituição, já foram tentados no tratamento da insônia. No caso, trata-se de um aminoácido essencial chamado triptofano. Essencial é o aminoácido que não é fabricado no organismo, sendo preciso introduzi-lo na alimentação. Não há certeza sobre a eficiência desse tratamento. Não é improvável, no entanto, que dietas à base somente do milho, muito usadas por estratos sócio-econômicos baixos no Brasil, e que contêm pouco ou nenhum triptofano possam trazer dificuldades de sono. Pesquisas nessa área no nosso meio seriam muito importantes.

Ao se unir aos receptores, os neurotransmissores desencadeiam a passagem de elementos do-

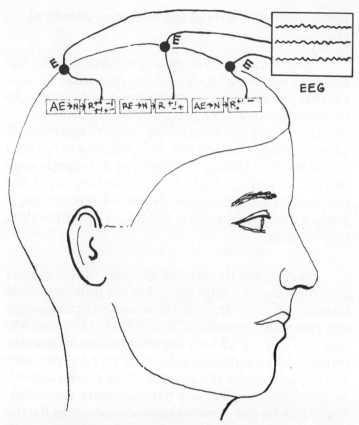

Fig 2 - Comunicação entre neurônios e atividade elétrica cerebral. Aminoácidos essenciais (AE) transformam-se em neurotransmissores (N). Estes vão ocupar receptores (R) no neurônio seguinte. Com isto, cargas elétricas deslocam-se para dentro e para fora das membranas neurais. A resultante dessa atividade elétrica pode ser captada no couro cabeludo por meio de eletrodos (E) e registrada graficamente em eletroencefalograma (EEG). Através de traçados de noites inteiras, tem-se o registro eletroencefalográfico do sono.

tados de cargas elétricas, como sódio, potássio e cloro, para dentro e para fora dos neurônios. Com isso, existe a passagem de uma corrente elétrica pela parede celular. Esse estímulo elétrico, propagando-se, vai redundar na liberação de neurotransmissores que unirão esse segundo neurônio a um terceiro, e assim sucessivamente.

Essa atividade elétrica pode ser captada e registrada em eletroencefalogramas (EEG), por meio de eletrodos colocados no couro cabeludo.

Em um indivíduo desperto e em atividade, essas ondas apresentam uma freqüência elevada, com baixa voltagem. Correspondem às ondas da *figura 3*. Num sujeito ainda desperto mas tranqüilo, com os olhos fechados, talvez sonolento, temos as ondas, com frequência de 8 a 12 ciclos por segundo.

Com a instalação e o progresso do sono, as ondas cerebrais vão gradativamente aumentando de amplitude e diminuindo de freqüência com ritmos que vão de 0,5 a 2 ciclos por segundo. Correspondem às fases 1, 2 e 3 do sono chamado sincronizado. Ou seja, há uma "lentificação" no registro do funcionamento elétrico cerebral com as chamadas ondas delta (*figura 3*). Há, também, um aprofundamento do sono e um limiar cada vez mais alto para respostas ao meio ambiente. Na fase 3 do sono só existe resposta a estímulos muito intensos.

Subitamente e seguindo-se a qualquer das três fases do sono "lento", sincronizado, o registro no

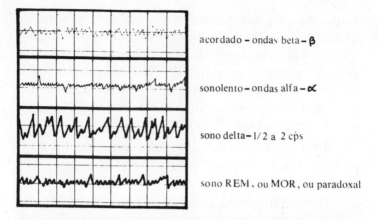

Fig 3 - Características das ondas do EEG com um indivíduo acordado e durante o sono.

EEG sofre uma profunda alteração tendo a freqüência acelerada e a voltagem (amplitude) diminuída. Ocorre portanto uma dessincronização, e o sono chamado de paradoxal. Ou seja, o indivíduo continua dormindo profundamente, mas o registro do traçado eletroencefalográfico assemelha-se à da fase de vigília. Trata-se do chamado sono paradoxal (*figura 3*).

À observação, o indivíduo apresenta um piscar rápido dos olhos, relaxamento de diversos grupos musculares, principalmente os da nuca e os de redor da boca, ereção do pênis, maior liberação de hormônios, como adrenalina, e de sucos gástricos. Essa intensa estimulação do sistema nervoso e hormonal seria responsável por enfartes do miocárdio e dores ulcerosas que ocorrem quando o indivíduo ainda está dormindo. Essa fase do sono também é designada por MOR ou, em inglês, REM. MOR são as letras iniciais de movimentos oculares rápidos e REM de *rapid eye movements*.

Na fase do sono paradoxal, os sonhos, que nas fases mais profundas do sono sincronizado eram lógicos, ordenados, facilmente compreensíveis, pasam a ser ilógicos, caóticos, desordenados, incompreensíveis quando submetidos a uma análise lógica.

Quanto à profundidade do sono, pode haver no MOR um aprofundamento em relação ao sono sincronizado, quando os estímulos ambientais são incorporados ao conteúdo dos sonhos. Assim, e como exemplo, a sirene de uma ambulância pode se tornar, no sonho, o aviso do fim do mundo que se aproxima.

Em uma noite normal de sono, ocorrem cerca de cinco sucessões de lentificações do registro eletroencefalográfico cerebral (sono sincronizado) e MOR (sono não-sincronizado). Do tempo total do sono, 60 a 90 minutos correspondem ao MOR, sendo que essa fase tende a ser mais prolongada perto do amanhecer. Ou seja, perto do acordar é que ocorrem mais sonhos.

Ao contrário do sono total, que diminui muito no decorrer da vida, a diminuição do tempo de MOR não é tão acentuada.

Em muitos casos de insônia, da chamada insônia primária, um diagnóstico corrreto sobre a etiologia do processo não pode ser feita apenas clinicamente. Esses casos são acompanhados de alterações estruturais dos diversos componentes do sono que só podem ser detectados através de registros contínuos do EEG do sono feito em laboratórios especiais.

Funções do sono e dos sonhos

De acordo com um conceito muito difundido, a fase de vigília corresponderia a uma máquina em funcionamento; o sono equivaleria a uma máquina desligada com o objetivo de recuperar as energias dispendidas durante a fase acordada. O homem primitivo, ao acreditar nas funções religiosas e proféticas dos sonhos, um dos componentes do sono, parecia atribuir-lhe um aspecto ativo, desmentindo, portanto, aquele conceito.

A ciência moderna parece indicar que em parte os dois conceitos parecem estar corretos. De fato, o sono sincronizado dependeria em parte, da diminuição de funcionamento de centros estimuladores que mantêm a vigília. Ou seja, o sistema reticular ascendente, sistema ligado aos neurotransmissores acetilcolina e noradrenalina, seria aqui importante. Haveria, no entanto, mecanismos serotoninérgicos que passariam a funcionar, portanto ativos, quando da instalação do sono.

Além disso, o MOR seria indispensável para consolidar a memorização de fatos ocorridos da vigília, e, para tanto seriam desencadeados mecanismos ativos. Daí não ser surpreendente no MOR um registro gráfico do EEG semelhante ao da fase de vigília (*figura 3*).

O fato de haverem movimentos motores, mudanças de posição, também é um indicativo de que fenômenos ativos ocorrem durante o sono.

Existem também movimentos musculares parciais ou do corpo todo de 20 em 20 minutos aproximadamente durante o sono. Com isso, dificuldades circulatórias derivadas de uma posição constante são evitadas. Mais uma vez, surge um elemento indicativo de que no sono manifestam-se mecanismos ativos.

A importância do sono total e em particular do MOR na manutenção da homeostase, do equilíbrio da vida pode também ser aquilatada pelo que ocorre quando de sua privação por tempo prolongado. Sério comprometimento físico e mental pode surgir. Além disso, quando o sono é novamente permitido, o MOR, em particular, tende a ser prolongado. Ocorre como que uma compensação do organismo.

Quanto aos sonhos, principalmente os da fase MOR, corresponderiam a manifestações do inconsciente. Eles parecem estar muito ligados à biografia e às características de personalidade do indivíduo. De acordo com a aproximação psicanalítica, os sonhos, sendo manifestações do inconsciente, teriam as mesmas características que este, quais sejam, atemporalidade, falta de lógica aparente etc. Sujeito a repressões não se submete a interpretações muito simples, como as feitas por astrólogos e videntes. Seu significado seria muito pessoal.

Esses sonhos parecem ser indispensáveis para um bom funcionamento mental, com alívio de tensões e outras manifestações que a repressão não autoriza na fase de vigília.

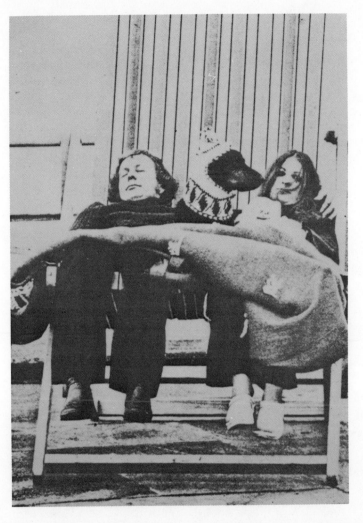

Fig. 4 — Dormir tranqüilamente é fundamental para o equilíbrio físico e mental.

3. O QUE É A INSÔNIA

Como já descrevemos algumas características do sono normal e suas variações, podemos entrar em maiores detalhes sobre as alterações consideradas patológicas, anormais do sono. Muitos classificam-nas em insônias, hipersônias e dissônias.

No primeiro caso, das insônias, o sono seria insuficiente; nas hipersônias, pelo contrário, o indivíduo dormiria excessivamente; e, finalmente, as dissônias seriam alterações que ocorrem durante o sono como o urinar na cama (enurese noturna) e o andar dormindo.

Essa classificação por vezes torna-se difícil de ser aplicada, pois alguns pacientes queixam-se ao mesmo tempo de insônia e hipersônia. De fato, como conseqüência da insônia noturna, a hipersônia durante o dia talvez seja até uma compensação. Isso pode ocorrer normalmente em indivíduos idosos, ou, então, em quadros mais complexos como a narcolepsia (ver adiante).

Uma outra classificação, considerada mais adequada, apresenta as insônias como primária e secundária. Na primária, a insônia é a principal senão muitas vezes a única queixa. No segundo caso, outras manifestações como depressão, alcoolismo, etc estão presentes, sendo a dificuldade de dormir um dos múltiplos sintomas. Muitas vezes, a insônia decorre desses quadros mais complexos.

Insônias primárias

As alterações do sono se têm mostrado tão complexas que, em muitos países, foram estabelecidas clínicas especializadas, com profissionais altamente treinados. Com isso, se têm conseguido diagnósticos mais precisos e uma eficiência terapêutica maior.

Essa sofisticação tecnológica é necessária para o diagnóstico de insônias primárias como a narcolepsia. Aqui, uma desordem típica do registro eletroencefalográfico do sono é, muitas vezes necessária, para um diagnóstico de certeza.

Clinicamente, os pacientes queixam-se de episódios freqüentes de sono, durante o dia, e de fraquezas musculares que, muitas vezes, atingem a região do joelho mas que podem propagar-se a outros grupos musculares. Essa tendência a paralisias musculares durante o dia equivaleria ao aparecimento de episódio de sono paradoxal, MOR, durante o dia. Como descrito anteriormente, esse estado não ocorre normalmente durante a vigília, mas corresponde a uma das fases do sono acompanhada de paralisia dos músculos voluntários.

Uma outra grave insônia primária é a apnéia do sono. Ocorre geralmente em indivíduos obesos, que roncam muito e que se queixam de excessiva sonolência durante o dia. A causa subjacente seriam dificuldades respiratórias que surgem durante o sono, tornando-o interrompido. O paciente não tem noção desse sono interrompido pois não tem geralmente consciência e nem se lembra de que acordou diversas vezes durante a noite.

O diagnóstico dessa doença deve ser feito por especialistas e, se possível, em centros especializados. Se, por um lado, a narcolepsia tem tratamento medicamentoso eficiente, o mesmo não ocorre muitas vezes com a apnéia do sono.

Algumas vezes não é possível identificar claramente uma causa de uma insônia. Nesses casos, devem ser procurados fatores não-usuais, como o uso de estimuladores (café) à noite. Em muitos indivíduos, o café não causa anormalidade. Isto logicamente em pequenas quantidades, pois, em doses maiores, causa efeitos sensíveis. O uso de quantidades como vinte xícaras de café ao dia logicamente podem causar insônia.

Insônias secundárias

Entre as insônias secundárias, temos aquelas causadas por doenças médicas e as que se ligam a alterações psiquiátricas.

Das doenças médicas, destacamos alguns tipos de epilepsia, hipertiroidismo, insuficiência renal grave e utilização de determinados medicamentos. Sabe-se que, sob controle médico adequado e geralmente por tempo determinado, o uso de drogas hipnóticas traz benefícios. A sua interrupção súbita ou a utilização por longos períodos, por automedicação, isto é, de forma não-controlada, pode ser perniciosa, agravando ou trazendo dificuldades no sono que até então não existiam.

Em relação às doenças médicas que causam insônia, o objetivo ideal é conseguir uma melhora e não tratá-las somente com hipnóticos, tendo em vista a solução da insônia. Melhorando a causa subjacente à insônia, esta tende a desaparecer.

Da mesma forma que as causas médicas, muitas doenças psiquiátricas como depressão, esquizofrenia e alcoolismo são acompanhadas de insônia. Nesses casos, considera-se a causa subjacente à insônia e não ela mesma, de forma isolada.

4. ALTERAÇÕES DURANTE O SONO

Para alguns autores, existem elementos condicionantes que resultam em insônia, mesmo em indivíduos sem queixas anteriores. Fatores como a morte de um parente, a perda do emprego ou um exame seriam os estímulos iniciais, e a insônia passaria a ser relacionada a aspectos como cor do quarto, características da cama, determinados sons como o badalar de sinos etc.

Um descondicionamento seria, então, recomendável, passando por fases sucessivas ou regras: a) o deitar na cama somente quando fortemente sonolento; b) o usar a cama somente para dormir, evitando ler, ver televisão ou comer na cama. A atividade sexual seria a única exceção. Depois de realizá-la, as regras básicas de imediato devem ser reassumidas. c) se houver dificuldades de "pegar" no sono ir para um outro quarto, imediatamente. A cama deve ser associada com um adormecer rápido; d) se o sono não "vier", repetir a fase 3 quantas vezes forem necessárias; e) colocar o despertador para tocar sempre à mesma hora, independentemente do número de horas dormidas; f) evitar cochilos durante o dia.

Dissonias

Temos aqui o falar durante o sono, acompanhado ou não de gesticulação (somnilóquios), o andar (sonambulismo), o urinar na cama (enurese), o cerramento e compressão dos dentes (bruxismo), o roncar e, finalmente, os pesadelos.

Alguns desses fenômenos ocorrem naturalmente em algumas fases da vida, sem que constituam anormalidade. Como exemplo, temos a enurese, que é bastante comum na primeira infância, podendo, segundo alguns autores, estender-se até os 6 ou 7 anos de idade. Outros não se ligam particularmente a alguma anormalidade do sono, como ocorre freqüentemente com o somnilóquio, o qual se constitui geralmente numa seqüência de palavras não-articuladas, ficando difícil dar um significado maior ao conjunto.

O sonambulismo consiste em atividades como o deambular, normais durante a vigília mas bastante problemáticas durante o sono. É, geralmente, um conjunto de atos não-dramáticos, como dar voltas no quarto, deitar num lugar qualquer, e raramente incluem caminhadas pelo telhado ou pela rua. Logicamente, confundir uma janela com uma porta pode ser fatal. O sonambulismo ocorre com uma certa frequência na infância, sendo indicativo de um não-amadurecimento do sistema nervoso central. Sua persistência no adulto indica dificuldades, principalmente psicológicas, sendo recomendada uma psicoterapia.

Quanto ao bruxismo, são desconhecidas as suas causas. Por vezes, o desgaste resultante nos dentes pode levar a recomendar o uso de protetores de borracha.

O roncar periódico, como fenômeno isolado, parece indicar apenas que alguns grupos musculares sofrem um certo relaxamento durante o sono. Têm sido comercializadas recentemente, em nosso meio, medicações tida por específicas para diminuir o ronco. Segundo os especialistas, essas substâncias apenas lubrificam a parte superior da árvore respiratória. Seu uso deveria ser controlado por médicos, e sua eficiência, restringir-se a uma pequena proporção de "roncadores". Em muitos casos o uso desses medicamentos pode ser até prejudicial.

Os terrores noturnos ocorrem geralmente no início de uma noite de sono, e são acompanhados de uma intensa ativação autônoma com taquicardia, palidez, suores etc., Na manhã seguinte o paciente raramente se lembra do ocorrido. Geralmente acontecem quando no traçado eletroencefalográfico, são obtidas ondas lentas. Pacientes em situação de stress são particularmente sujeitos a esse fenômeno, o qual melhora bastante com medicação benzodiazepínica.

Quanto aos pesadelos que acontecem na fase correspondente ao MOR, são acompanhados de estimulações autônomas menores que a do terror noturno. Como a fase MOR concentra-se nas fases finais do sono, esses pesadelos são mais freqüentes perto do amanhecer e, geralmente, o indivíduo os descreve em pormenores. Indivíduos com sérios problemas neuróticos são mais suscetíveis a esse fenômeno, sendo a psicoterapia freqüentemente recomendada como tratamento.

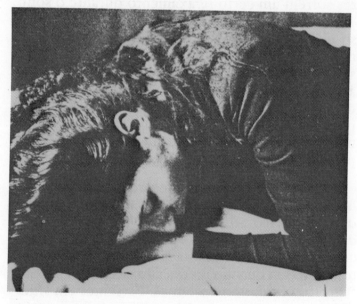

Fig. 5 — A qualidade do sono influi no seu dia-a-dia.

5. O QUE FAZER PARA DORMIR BEM

1. Dormir o suficiente para estar saudável no dia seguinte. Não permanecer na cama mais que o número de horas usuais de sono.

2. Ter uma hora regular para acordar parece facilitar o início do sono e fortalecer o ritmo circadiano vigília-sono.

3. Exercícios físicos regulares parecem facilitar o sono. Exercícios intensos, extemporâneos, principalmente nas horas que antecedem o sono usual, podem, pelo cansaço, facilitar o seu início mas dificultar sua continuidade.

4. Estímulos intensos irregulares porém freqüentes, como o produzido por aviões, alteram a qualidade do sono. Isto ocorre ainda que o indivíduo não venha a acordar.

5. A temperatura ambiental deve ser agradável, nem muito quente, nem muito fria. O conceito popular de que se dorme melhor no frio parece

não ter sido comprovado. O que existe é uma mudança de posição, dependendo da temperatura. Assim, no inverno, dorme-se encolhido, aparentemente para evitar, pela diminuição da superfície de contato, a perda do calor. O oposto ocorre no verão, quando uma posição que facilita a perda do calor é geralmente adotada.

6. Fome pode atrapalhar o sono. Lanches leves antes de dormir, acompanhados por leite morno ou quente ou algo semelhante parecem facilitar o sono de algumas pessoas — lanches leves e não feijoadas...

7. Tomar café antes de dormir, principalmente em grande quantidade, pode atrapalhar a qualidade do sono. Isto acontece apesar de o indivíduo muitas vezes não se dar conta disto.

8. Bebida alcoólica antes de dormir pode facilitar o início do sono, principalmente em pessoas tensas. O sono, no entanto, fica fragmentado, alterado qualitativamente.

9. Quando o sono não "vem", é melhor o indivíduo levantar e dedicar-se a alguma outra atividade, ao invés de ficar se atormentando na cama, retornando, quando se sentir sonolento e menos tenso.

10. O uso de chás caseiros tipo erva cidreira ou de folhas de maracujá parece facilitar o sono de algumas pessoas. O simples ritual do preparo do chá pode ter papel importante.

11. Procure não lançar mão de pílulas (calmantes, benzodiazepinas) por iniciativa própria. Elas muitas vezes são fornecidas por amigos, parentes ou farmácias com a melhor da intenções. A curto prazo podem trazer alívio, mas o oposto pode ocorrer a médio e longo prazo. O seu uso deve obedecer a um estrito controle e recomendação médica. Na maioria dos casos, um "contrato" de utilização sobre o tempo de uso destes remédios, cuidados necessários, etc. deve ser estabelecido entre médico e paciente. Assim, nunca devem ser misturadas a bebidas alcoólicas, ser suspensas subitamente e, dependendo da sensibilidade individual em relação a efeitos como sonolência e relaxamento que permanecem no dia seguinte, algumas atividades, como dirigir veículos, manejar máquinas, devem ser evitadas.

12. Quando for possível identificar a causa da insônia, esta deve ser tratada adequadamente, para que se amenize. Dentre as causas incluímos problemas sociais, econômicos, médicos etc. É importante salientar que o tratamento da insônia por remédios apenas alivia o efeito de dificuldades dessa natureza. Permanecendo, ou se intensificando a causa, o problema tende a se agravar.

13. Quando tiver dúvidas ou ficar muito preocupada com sua insônia, ou com a qualidade do seu sono, a pessoa deve procurar um especialista de sua confiança e discutir com ele, com franqueza, suas

eventuais dúvidas em relação ao uso de medicamentos.

14. Se o indivíduo roncar exageradamente durante o sono (queixa geralmente do/a companheiro/a), deve procurar um especialista. Certos problemas como a obstrução de vias aéreas, podem alterar o sono e trazer conseqüêcias graves, inclusive médicas.

15. Apesar de a consolidação de fatos na memória ocorrer comprovadamente em alguma fase do sono, isso não implica que se possa aprender dormindo. Ou seja, o uso de fitas para serem "ouvidas" durante o sono, com a finalidade de, por exemplo, aprender uma língua, não tem comprovação de eficiência científica. Por outro lado, o aprendido na fase de vigília, segundo alguns autores, pode ser consolidado por algumas horas de sono. Daí a necessidade de um sono normal e tranqüilo antes de um exame. As coisas aprendidas no dia anterior, com isso, serão melhor lembradas.

16. Lembrar constantemente que o sono é uma das únicas coisas na vida que não depende da própria vontade ou do próprio empenho. O resultado geralmente é o oposto.

6. PALAVRAS FINAIS

A PRINCESA E O GRÃO DE ERVILHA

(adaptação)
Hans Christian Andersen (século XIX)

Era uma vez um príncipe que queria casar-se com uma princesa verdadeira. Ele viajou pelo mundo inteiro à sua procura, mas a todas que encontrou faltava algo: na verdade, não eram princesas. Assim, ele voltou triste para casa, e lamentando não poder se casar, pois somente o faria com uma princesa verdadeira.

Numa noite, uma tempestade caiu sobre o reino. Os raios espocavam, os trovões soavam pesadamente, e a chuva caiu em turbilhões. No meio da tormenta, alguém bateu no portão da cidade; o rei em pessoa foi ver quem era.

No outro lado do portão estava uma princesa enxarcada. A água escorria dos seus cabelos e dos seus sapatos saíam verdadeiros córregos, que pe-

63

netravam pelos saltos e escorregavam entre os dedos. Mas ela afirmava ser uma princesa verdadeira.

"Nós logo veremos se isto é verdade", pensou a velha rainha-mãe, mas nada disse em voz alta. Rapidamente, dirigiu-se para o quarto de hóspedes, tirou tudo o que recobria a cama e, nas tábuas que sustentavam o colchão, colocou um grão de ervilha. Em cima da ervilha ela colocou 20 colchões e, em cima dos colchões, 20 lençóis. Era ali que a princesa iria dormir.

Na manhã seguinte, quando alguém perguntou à princesa como tinha dormido, ela respondeu: — "Foi terrível. Eu não consegui dormir nem um pouco durante toda a noite. Só Deus sabe o que havia naquela cama; mas era alguma coisa muito dura, e eu estou toda arrebentada."

E foi assim que se soube que ela era uma princesa verdadeira, pois tinha sentido a presença do grão de ervilha, apesar dele estar recoberto com 20 colchões e 20 lençóis. Só uma princesa verdadeira poderia ser tão sensível.

O príncipe se casou com ela. O grão de ervilha ficou em exposição no museu real; você até pode ir lá vê-lo, isto se ninguém o roubou.

Agora tenho certeza. Esta foi uma história verdadeira.

....

Nada melhor do que Andersen, um dos mais importantes autores de contos da fadas, para nos mostrar que a qualidade do sono, ou sua falta, talvez sejam a melhor maneira de exprimir a sensibilidade humana, os afetos.

7. TIRE SUAS DÚVIDAS.

1) Quais as conseqüências do uso de sedantes? pág. 22

2) Qual o risco da associação de sedantes com álcool? pág. 23

3) Quais são as causas de insônia? pág. 25

4) De quantas horas de sono o homem necessita? pág. 31

5) Quando a insônia é considerada patológica? pág. 45

6) É possível dormir bem em ambientes ruidosos? pág. 32

7) Quais as funções do sono e dos sonhos? pág. 38

8) Quais são as causas de uma insônia secundária? pág. 48

9) Há alguma anormalidade em falar durante o sono? pág. 52

10) Qual a diferença entre terrores noturnos e pesadelos? pág. 53

11) Bebidas alcoólicas auxiliam o sono? pág. 58

12) O que ocorre com os sonhos na fase de sono paradoxal? pág. 37

IMPRESSO NAS OFICINAS DE EDIÇÕES LOYOLA
RUA 1822 N.º 347 — FONE: 914-1922 — SP